인간과 똑같은 **로봇**을 만들 수 있을까?

DES ROBOTS DOUÉS DE VIE?

by Agnès Guillot & Jean-Arcady Meyer

민음 바칼로레아 018

인간과 똑같은 **로봇**을 만들 수 있을까?

아녜스 기요 · 장아르카디 메이에르 ｜ 박종오 감수 ｜ 이수지 옮김

민음in

차례

1 로봇은 언제 등장했을까?   7

  자동 인형도 로봇일까?   9

  인공 지능 로봇은 왜 실패했을까?   15

  로봇 동물은 어떻게 생겨났을까?   19

2 로봇 동물은 어떻게 만들어지는가?   23

  자연은 정말로 스승인가?   25

  로봇 동물은 어떻게 세계를 인식할까?   26

  로봇 동물을 어떻게 공부시킬까?   34

3 로봇 동물이 왜 필요할까?   45

  로봇은 어디에 활용될까?   47

  로봇 연구를 통해 무엇을 알 수 있을까?   50

  어떤 부분을 더 해결해야 할까?   54

4 살아 있는 로봇을 만들 수 있을까?   59

  로봇 동물은 현재 어디까지 와 있을까?   61

  더 읽어 볼 책들   64

  논술 · 구술 기출 문제   65

1

로봇은
언제 **등장**했을까?

자동 인형도 로봇일까?

1738년 프랑스 왕립 과학 아카데미에서 자크 드 보캉송*이 처음으로 자동 인형을 선보였을 때 볼테르*는 열광하면서 이렇게 말했다.

● ● ●

자크 드 보캉송(Jacques de Vaucanson, 1709~1782) 프랑스의 발명가. 자동 인형과 자동 악기를 많이 만들었으며, 비단 공장 감독으로 취임하면서 직기 개량에도 큰 역할을 했다. 1794년에 설립된 파리 기술 공예 박물관은 주로 보캉송의 유품으로 꾸며져 있다.

볼테르(Voltaire, 1694~1778) 프랑스의 작가, 사상가. 디드로, 루소 등과 함께 백과전서파의 일원이었다. 본명은 프랑수아즈 마리 아루에. 옥중에서 완성한 「오이디푸스」를 상연하여 성공한 후 볼테르로 필명을 바꿨다. 대표작으로 『관용론』, 『캉디드』 등이 있다.

"보캉송은 프로메테우스에 견줄 만한 경쟁자로, 자연의 원리를 모방하여 육신에 생명을 불어 넣는 신의 불을 훔친 것 같았다. 먹고 마시고, 소화하고 배설하며, 날개와 깃털을 주둥이로 가다듬는 등 여러 가지 면에서 살아 있는 오리를 꼭 닮은 작품을 만든 것이다."

고대부터 인간은 유흥을 위해서, 돈을 벌려고, 신의 전령 행세를 하려고, 새로운 기술을 시험하기 위하여 끈질기게 기계 생물을 만들려고 애써 왔다. 그러나 자신들이 만든 피조물이 과연 실제로 자연이 만든 피조물과 얼마나 닮았는지를 반문한 사람은 거의 없었다. 그런 의미에서 볼 때, 자기 작품을 "생물 메커니즘에 관한 경험적 지능을 얻게 해 줄 복제품"이라고 불렀던 보캉송은 최초로 진정으로 생물 복제품이라 할 만한 것을 만들어 낸 사람이었다.

그러나 보캉송이 본래 의도를 완벽하게 구현한 건 아니었다. 플루트를 부는 자동 인형, 탬버린을 치는 자동 인형 등 그가 만든 놀라운 장난감 동물들은 움직이는 데 필요한 기계 장치는 있지만 살아 있는 생물처럼 행동하기 위해 반드시 필요한 감각 기관은 없었던 것이다.

땅에 떨어진 곡식 알갱이를 구분할 수 있는 눈도 없고, 식도에는 알갱이가 위로 제대로 내려가는지 알려 줄 신경 조직도 없는데 어떻게 살아 있는 오리처럼 부리로 모이를 쪼아 삼킨단 말인가? 손가락으로 구멍을 누르는 힘도 못 느끼고, 귀로 음정이 맞는지 분간하지도 못하면서 어떻게 연주가처럼 악기를 다룰 수 있는가? 생물의 가장 중요한 비밀 중 하나는, 감각 기관 덕분에 세상에 대한 정보를 얻는 수단을, 근육 기관 덕분에 스스로 움직이는 수단을, 적절한 신경 조직망 덕분에 정보와 행동을 차근차근 맞추어 조정하는 수단을 신체 안에 발달시켰다는 것이다.

브캉송이 최초로 로봇이라고 불릴 만한 것을 발명한 해로부터 약 2세기 후, 자동 인형들과는 달리 하나의 기계 속에 센서와 구동 장치, 그리고 두 장치들을 서로 연결하는 전기 회로 등 위에서 언급한 감각 기관, 근육, 신경 조직 비슷한 것들을 모두 갖춘, 한 단계 발전한 최초의 발명품이 등장했다. 체코슬로바키아 작가 카렐 차페크*는 1921년에 쓴 『로봇』이라는 희곡에서

● ● ●

카렐 차페크(Karel Čapek, 1890~1938) 체코슬로바키아의 극작가, 소설가. SF적 기법을 이용하여 현대 사회의 병폐를 그려 사회적 SF의 선구자가 되었으며, 20세기 세계 문학에서 중요한 위치를 차지했다. 체코슬로바키아 독립의 아버지 마사리크를 헌신적으로 도운 독립 운동가이기도 했다. 『로봇』은 차페크의 특징을 잘 보여 주는 대표작이다.

'로섬의 만능 로봇'이라는 회사가 제작한 인공 노예들을 로보타 (Robota)라고 부름으로써 이러한 기계에 처음으로 '로봇'이라는 이름을 붙였다.

초창기 로봇에서 가장 유명한 것 중 하나는 1912년경 미국의 기술자 해먼드와 미스너가 제작한 전기 개 셀레노였다. 셀레노는 상자에 바퀴가 세 개 달려 있는 상자 모양의 기계였는데, 정면에서 손전등을 비추면 빛에 따라 움직이는 기능이 있었다. 빛에 민감하게 반응하는 렌즈로 된 눈에 바퀴를 연결하여 빛이 강할수록 바퀴가 더 빨리 움직이도록 설계된 것이다. 월간《전기 실험자》는 이 발명품을 소개하면서 "초인에 가까운 지능"을 지닌 기계라고 호평했다. 그러나 사실 빛을 따라 움직이는 기능은 단순한 반응에 지나지 않았고, 실제로는 촛불을 보고 날아드는 나방처럼 때로 위험하기도 했다.

하지만 셀레노에는 그토록 오랜 시간 동안 인간의 숙원이었던 살아 있는 기계를 만들겠다는 의도가 그대로 담겨 있었다. 드디어 인간은 미리 지정된 동작이 전혀 없는 기계를 만드는 데 성공한 것이다. 셀레노는 빛의 근원을 따라가기 위해 스스로 멈추기도 하고 속력을 내며 빙빙 돌기도 했다. 자동 인형처럼 몇 바퀴를 빙빙 돈 후 동작을 바꿀 것인지 말 것인지를 기술자가 결정할 필요가 전혀 없었다. 그 로봇은 아직 눈에 띄게 잘

한 것은 아니지만 주변과 끊임없이 소통하면서 그 결과를 토대로 스스로 자신의 동작을 통제함으로써 제작자의 굴레에서 완전히 벗어난 것이다.

셀레노가 제작된 후 수십 년 동안 연구원들은, 생물체의 신경이 감각 기관과 운동 기관 사이의 연결을 통제하는 방식에서 영감을 얻어 다른 로봇들을 제작하였다. 그중 가장 놀라운 작품은 미국의 신경 생리학자 윌리엄 월터[*]가 1940년에 내놓은 로봇이다. 전기 기계 로봇(ELectroMEchanical Robot)의 약자인 엘머(ELMER)라는 이름이었는데, 납작한 생김새와 느린 움직임 때문에 거북이라고도 불렸다. 월터는 본래 뇌전도[*] 연구의 선구자로, 동물을 관찰하여 알아낸 반사 작용 메커니즘을 전기 기계 모델로 재현하려고 했다. 그가 만든 로봇은 광센서와 충격 센서가 부착되고, 충전지가 내장되었으며, 세 바퀴에 각각 독립적인 모터가 달려 있었다. 그리고 그것들이 모두 불투명한

● ● ●

윌리엄 그레이 월터(William Grey Walter, 1910~1977) 미국의 신경 생리학자. 이반 파블로프와 한스 베르거의 영향을 받아 뇌전도파와 뇌의 신경 활동에 대하여 연구했다. 로봇도 인간의 두뇌 활동을 본떠 만듦으로써 인간의 뇌가 작용하는 방식을 증명해 보려고 한 것이다.
뇌전도 대뇌 피질에서 나온 전기 활동을 그래프로 기록한 그림.

껍데기에 덮여 있어 거북이를 연상케 했다. 엘머의 가장 큰 특징은 대단히 원시적인 신경 시스템을 가졌다는 것이었다. 센서와 모터가 전기 기계 회로로 연결되어 있어 장애물들을 비껴갈 수 있었고, 빛이 쏟아지는 방향으로 움직일 수 있었으며, 빛이 너무 강할 경우 멈출 수 있도록 설계되어 있었다. 엘머의 여자 친구인 엘시(Elsie)는 파블로프의 개처럼 특정한 소리와 특정한 빛을 연관시키는 회로까지 내장되어 있었다.

엘머와 엘시는 월터의 아파트에서 자유롭게 돌아다니며 물체들을 탐사했고, 빛으로 환하게 밝혀진 잠자리로 돌아와 에너지를 충전했는데, 절대 똑같은 길로 다니지 않았다. 등에는 라이트가 부착되어 서로 상대방을 피하기도 하고, 동물의 짝짓기 행동처럼 서로를 찾기도 했다. 거울이 있으면 그 앞으로 다가가 마치 자신의 모습에 반하기라도 한 것처럼 적당한 거리를 두고 멈추어 섰다. 월터 자신도 이런 "인간 심리와 동물 행동의 근본이 되는 자유 의지, 의도를 알 수 없고 불분명한 행동"에 주목하고 "이 거북들은 아주 원시적인 구조로 만들어졌지만 자기 나름의 목적과 독립성, 자발성을 가진 것 같았다."라고 덧붙였다.

이 피조물들은 월터가 미리 예감하고 입증해 보려 한 사실을 증명하였다. 즉 두뇌의 구조가 대단히 단순한 피조물일지라도 그 행동은 주변 환경과 끊임없이 상호 작용을 하며, 변화무쌍한 양상을 보인다는 것, 다시 말해 복잡해질 수 있다는 것이다. 이로써 동물의 복잡한 행동 양상은 동물의 신체 구성이 복잡해서가 아니라 동물이 처한 환경이 복잡할 때 나타난다는 것이 증명되었다.

월터가 증명한 사실은 당시 로봇 연구자들에게 결정적인 영향을 미쳤다. 생물체에게 자율성이라는 독특한 능력을 부여하는 메커니즘이 예상한 것보다 훨씬 더 단순해 보인 데다가, 그 메커니즘을 발견하는 것이 인간의 능력으로 가능해 보였기 때문이다.

인공 지능 로봇은 왜 실패했을까?

전기 기계 로봇 엘머와 엘시가 혁혁한 성과를 올리는 동안 전자 공학 연구는 날로 발전하였다. 1940년대에 나타난 최초의 컴퓨터가 점차 인간 고유의 것으로 생각했던 논리의 법칙을 다룰 수 있게 되면서 컴퓨터는 대형 계산기의 용도에서 벗어나기 시작했다. 장단기 기억 장치로 정보 처리 프로그램을 많이 내장하게 되자 컴퓨터는 인간 두뇌의 작동 방식을 대번에 재현할 수 있을 것처럼 보였다.

이처럼 인간 두뇌와 비슷한 방식으로 작동하는 기계를 **인공 지능**이라고 한다. 인공 지능 분야는 1956년 미국의 다트머스 대학에서 개최된 회의에서 기계가 인간 같은 지능을 갖게 만들 수 있다는 의견이 발표됨으로써 비로소 탄생했다. 이를 실현하고자 하는 모험에 도전하는 특수 연구소에 이내 막대한 자금이 지원되었으며, 동시에 초기 로봇 제작자들이 동물로부터 영감을 받아 개발한 방법은 관심에서 멀어졌다. 이제 과학자들은 생물체의 자율성 원칙에 대한 연구는 잊어버린 채 추리, 평가, 언어 등 인간 지능의 가장 복합적인 능력을 모방하는 프로그램을 연구했다. 적어도 정상적인 생물체라면 당연히 갖춰야 할, 뇌를 담고 있는 신체에 대한 연구는 완전히 생략되면서 뇌가 지능을 생산하는 방식에만 연구의 초점이 맞춰졌기 때문이다.

초기 컴퓨터 프로그램은 로봇 제작자들에게 헛된 희망을 주었다. 사실 그 프로그램들은 수학 정리를 재발견했고, 해상 전투에서 인간을 이겼으며, 병의 진단을 내렸고, 자연 언어의 단순한 문장을 이해하는 등 복잡한 문제를 종합하고 분석하는 방면에서 우수한 성능을 보여 주었다. 그러나 처음에 필요한 자료를 공급하고 컴퓨터가 출력 장치로 쏟아 내는 답을 해석하는 것은 인간이었다. 즉 이 인공 두뇌는 인간의 지능에 의존했다.

만약 인간이 올바른 자료를 넣어 주지 않거나 답을 제대로 해석하지 않는다면, 아무리 굉장한 인공 두뇌라도 쓸모없는 고철 덩어리에 지나지 않았다.

인공 두뇌가 로봇이라는 실제 겉옷을 걸치자 그 문제가 더욱 두드러졌다. 이런 종류의 로봇은 하노이 탑 문제*를 '머릿속으로는' 완벽하게 해결할 수 있을지 몰라도 몸으로는 해결하지 못했다. 원판은 저절로 공중에 뜰 수 없으므로 원판을 옮기려면 집게로 원판을 집어들어야 한다는 중요한 정보가 빠져 있었기 때문이다! 인간은 중력의 법칙이 아주 당연하고 간단하며 명백한 현상이라고 생각하지만, 기계는 따로 배우지 않는 이상 그 법칙을 알 수가 없다. 물론 인간도 선천적으로는 중력의 법칙을 알 방법이 없다. 인간은 아기일 때 물체를 만지고 물어뜯으면서, 유모차 밖으로 물체를 내팽개치거나 욕조에서 놀면서 경험을 통해 다른 물리학 법칙들과 함께 중력의 법칙을 배운다. 인간의 두뇌는 이렇게 감각 기관이나 운동 기관 등 자신의 육체를 사용한 경험을 통하여 원인과 결과를 짝 짓는다.

● ● ●

하노이 탑 문제 세 개의 막대기에 여러 개의 나무 원판들을 크기대로 차곡차곡 옮기는 원칙을 알아내야 하는 문제.

그런데 기계에 이런 원리를 적용하려 한 사람은 거의 없었던 것이다.

1980년대에 고전적 의미의 인공 지능을 연구하던 사람들은 인간에 버금가는 지능을 가진 기계를 제작하겠다고 마음먹었다. 그러나 이들이 육체와 환경이 끊임없이 상호 작용을 하지 않아도 두뇌만 개발할 수 있다고 믿으면서 인공 지능 연구는 잘못된 길로 빠졌다. 재정 지원은 점점 줄어들었고, 이들이 세운 목표의 한계를 지적하는 의견이 철학과 심리학, 수학, 전산학 등 다양한 분야에서 무수히 쏟아졌다. 1978년 미국의 철학자 다니엘 데닛*은 「차라리 온전한 이구아나를 만들어 보는 건 어떨까?」라는 괴이한 제목의 소논문을 통해 영리하지만 육체가 없는 뇌를 만드느니 차라리 온전한 원시 파충류를 만들겠다는 야망을 갖는 게 낫다고 주장했다. 뒤이어 인공 지능의 창시

● ● ●

다니엘 데닛(Daniel Dennette, 1942~) 미국의 철학자. 하버드 대학을 졸업하고 영국 옥스퍼드 대학에서 박사 학위를 받았다. 전통 철학의 방법론을 익혔지만, 인공 지능과 신경 과학, 인지 심리학 분야에도 정통했다. 1996년 메사추세츠 공대 연구진과 함께 지능과 의식을 갖춘 로봇 코그를 만드는 데 관여하기도 했으며, 현재 미국 터프츠 대학 인지 심리 연구소 소장으로 재직 중이다. 『설명된 의식』, 『마음의 종류』 등의 저서에서 마음은 두뇌의 작용과 연관이 있다는 유물론적 관점을 펼친 것으로 유명하다.

자인 존 매카시[*]의 지도 아래 박사 학위를 준비하던 학생 로드니 브룩스[*]는 환경의 자극에 따라 아주 간단한 반사 작용을 하는 로봇을 만들었다. 브룩스는 지능을 시스템에 강요하는 것이 아니라 육체와 환경의 대립에서 지능이 생겨나게 만들었다. 결국 인공 지능의 탄생 이후 40년 동안 사라졌던 그레이 월터의 거북 원칙으로 돌아온 것이다.

로봇 동물은 어떻게 생겨났을까?

1990년 파리 6대학 컴퓨터 공학 연구소가 처음으로 '적응 행동의 시뮬레이션: 동물에서 로봇 동물까지'라는 주제로 국제 회의를 열었다. 당시 파리에 모인 많은 젊은 연구원들은 "신

● ● ●

존 매카시(John McCarthy, 1927~) 미국의 컴퓨터 과학자. 1955년 다트머스 회의에서 인공 지능이라는 말을 처음으로 제시하여 인공 지능의 아버지라고 불린다. 이후 MIT와 스탠퍼드 대학에서 인공 지능 개발 프로젝트를 발족시키고 이를 이끌었다.
로드니 브룩스(Rodney Brooks, 1954~) 미국의 컴퓨터 과학자. 현재 MIT 컴퓨터 과학과 인공 지능 연구소 소장으로 있으며, 로봇학의 파나소닉 교수이다. 지은 책으로는 『물질과 생명 사이에서』, 『육체와 기계』 등이 있다.

자동 인형에서 로봇 동물까지 250년 이상 세월이 흘렀지만
연구는 이제 출발점에 와 있을 뿐이다.

체적으로 자신의 환경에 완전히 적응"하고 가능한 한 인간의 지능으로부터 도움을 받지 않고 움직이는 인공 피조물(로봇 동물)을 만드는 새로운 방식의 연구에 빠져들었다. **로봇 동물** 🍎 (animat)이라는 용어는 인조 동물(프랑스어로 animal artificial)의 약자로, 다른 존재의 특별한 도움 없이 자신이 처한 환경에서 살아남을 수 있는 적응 능력을 지닌 피조물 또는 실제 로봇을 말한다.

로봇 동물식 접근 방법의 목표는 용어가 모호하긴 하지만 그 🍎 때까지의 인공 지능에 대한 연구를 진화론적 관점에서 재검토하는 것이다. 인간의 지능은, 수억 년에 걸쳐 진화하는 과정에서 만들어진 수많은 적응 메커니즘을 동물 조상으로부터 물려받은 결과이다. 따라서 로봇 동물은 아인슈타인이 상대성 원리를 증명한 방식을 재현하는 것보다는 우선 곤충처럼 장애물에 부딪히지 않고 특정한 방향을 정해 움직이고, 배고프면 먹기로 결정하며, 목마르면 마시기로 결정할 줄 알아야 한다. 그러려면 무엇보다도 먼저 그 메커니즘부터 알아내야 한다. 그것을 알지 못하면 로봇 동물이라는 뛰어난 발상은 부화되지 못한 채 공상으로만 남을 것이다.

그러므로 로봇 동물식 접근 방법은, 인간 고유의 지능에 대한 이해보다는 가장 복잡한 생물이라 할 수 있는 인간과 가장 단순한 동물들이 공통으로 갖고 있는 적응 메커니즘을 이해하는 것을 우선으로 한다. 이 메커니즘에 힘입어 로봇 동물은 인간 지능의 도움 없이 자신들이 처한 환경에 스스로 적응하면서 생존할 수 있는 자주성을 갖는다. 따라서 로봇 동물들은 이미 알려진 환경에 적합하게 행동하도록 적응되어 있어야 할 뿐만 아니라 미지의 환경과 친숙해질 수 있어야 하고, 부지불식간에 환경이 바뀌면 그에 맞추어 행동을 바꾸면서 그 환경에 적응해야 한다.

로봇 동물식 접근 방법의 연구는 두 가지 방향에서 시작된다. 하나는 생물에게 자율성을 부여하는 원칙을 밝혀내는 기초 연구이고, 다른 하나는 인간의 도움 없이 해상과 지상 또는 외계 환경 등 그 어떤 환경에서도 스스로 잘 살아남을 수 있는 로봇을 만드는 것을 목표로 하는 응용 연구이다.

2

로봇 동물은
어떻게 만들어지는가?

자연은 정말로 스승인가?

로봇 동물 제작자들은 진화의 산물을 모방하기 위해 해부학과 신경 생리학, 동물 행동학 분야에서 도움을 구했다.

그런데 정말로 자연이 좋은 조언자일까?

과거에 수많은 학자들이 생물을 모방해 무언가 해 보려고 시도했지만 언제나 쓰라린 실패를 맛보았다. 레오나르도 다 빈치와 그의 후계자들은 새를 본떠서 날개를 퍼덕여 떠오르는 기계를 고안했지만, 결코 땅에서 이륙하지 못했다. 그들의 생각은 이후 비행기의 탄생에 영감을 불어넣었고, 결국 라이트 형제가 비행에 성공했지만, 라이트 형제가 설계한 비행기에 달린 날개는 고정되어 있었다. 새의 날개가 이렇게 생겼다면 하늘에서 바로 떨어졌을 것이다.

마찬가지로 인간의 감각 기관을 재현하는 성능 좋은 기계의 구조 또한 실제 생물체에서 발견되는 유사 기관과 전혀 상관이 없을 수도 있다. 수메르인이 남긴 큰 업적 중 하나가 바퀴를 만든 것이다. 그런데 바퀴는 최초로 단세포 생물이 발생한 후 30억 년이 넘도록 다른 어떤 동물의 운동 기관에도 나타나지 않았다. 이는 무언가를 창조할 때 과연 인간의 기술자 정신에 입각하여 합리적으로 발명하는 것과 자연을 참고하는 것 중 어느 쪽이 더 합당한가 끊임없이 생각하게 만든다.

로봇 동물식 접근 방법이 등장한 지 15년 정도 흘렀다. 연구는 이제 막 청소년기에 들어갔다고 볼 수 있는 시기이다. 센서와 구동기, **통제 구조**(로봇의 신경 시스템)에 대한 정보를 생물학에서 얻으려는 끈질긴 노력이 이제 조금씩 결실을 맺고 있는 것이다. 이에 대해서 하나하나 살펴보기로 하자.

로봇 동물은 어떻게 세계를 인식할까?

로봇 동물 연구의 첫 번째 단계는 진화 과정에서 이미 충분히 적응되었다고 추정되는 동물의 구조를 연구하는 것이다. 특정 용도에 굉장히 성능이 뛰어난 프로그램이 내장되어 있는 플러그 앤드 플레이* 로봇 동물을 제작하는 것이 이 연구의 목적이다.

감각 센서의 경우, 가장 많이 모방하는 기관은 시각 기관과 시각을 정보화하여 뇌에 전달하는 신경 처리 부분이었다. 가령, 파리는 복잡한 환경과 3차원 공간에서 빠르게 진화하고, 인간이 비겁하게 거울이나 투명한 벽을 만들어 놓지 않는 이상 어떤 장애물에도 부딪히지 않는다. 이러한 시각적 능력 때문에 파리는 빠르게 이동해야 할 필요가 있는 로봇 동물에게 좋은 시각 모델이 될 수 있었다.

마르세유에 있는 한 연구소에서는 바퀴가 달린 파리 로봇에게 여러 개의 '홑눈'으로 이루어진 눈을 장치하였다. 이 홑눈은 각각 원뿔 형태처럼 생겼고, 안쪽 깊숙한 곳에는 빛을 감지하는 광센서가 부착되어 초속 50센티미터 속도로 이동하면서도 장애물을 피할 수 있었다.

축에 부착되거나 줄에 매달려 공중에 떠 있도록 고정된 다

● ● ●

플러그 앤드 플레이(Plug and Play) 꽂으면 실행된다는 뜻. 컴퓨터 용어에서는 컴퓨터 실행 중에 다른 장치를 부착해도 별다른 설정 없이 작동하는 체제를 일컫는다.

로봇 동물은 생명체의 감각 기관을 모방한 기관을 통하여 주변 환경을 인식한다.

른 로봇들은, 마치 파리가 그러하듯이, 눈의 미세한 움직임을 통하여 명암이 다양한 회색 톤으로만 이루어진 환경에서 명암이 대비되는 지역을 가려내 톤이 같은 지역에 시선을 고정할 수 있다. 거기에 더해, 각각의 광센서 위로 물체의 영상들이 하나씩 연이어 지나가는 속도, 즉 광학적 흐름을 효율적으로 처리할 수 있다. 이 속도는 물체가 가까이 있을수록 더욱 높아지기 때문에 파리 로봇은 물체를 피할 것인지 아니면 따라갈 것인지 즉각 반사 작용으로 선택해야 한다. 이러한 원칙들은 비행 중인 곤충의 시신경을 연구한 끝에 발견되었다.

시야가 뚜렷하지 않은 환경에 처한 로봇을 만들 때 모델이 되어 준 것은 암컷 귀뚜라미였다. 암컷 귀뚜라미는 겉날개를 부비는 수컷의 소리를 찾아내는 데 능숙하기 때문이다. 암컷 귀뚜라미는 다리 안쪽에 있는 기관으로, 그 종만이 낼 수 있는 주파수로 내는 수컷의 울음소리를 감지한다. 소리가 왼쪽에서 나면 왼쪽 기관이 오른쪽 기관보다 더 강하게 떨리며, 암컷은 왼쪽 방향으로 몸을 돌린다. 오른쪽일 때는 그 반대이다. 영국 스코틀랜드의 에딘버러 대학에서는 소음이 심한 환경에서 특정한 소리의 근원지를 끈질기게 찾아갈 수 있도록 로봇에 암컷 귀뚜라미의 감지 기관과 같은 원칙을 재현하는 전자 회로를 내장했다.

바다 속에서는 시각과 청각이 큰 도움이 되지 못하기 때문에 다른 감각을 이용하는 게 좋다. 미국 매사추세츠 주의 마스코트 동물인 바닷가재는 바닷물이 출렁거리는 중에도 민감한 후각을 이용해 크고 작은 다양한 갑각류가 배출하는 희미한 냄새를 찾아간다. 로보로브스터는 소촉각(더듬이)이 광선으로 만들어진 매사추세츠 출신 로봇으로, 바닷가재처럼 행동할 수 있다. 이 로봇은 광맥을 발견하거나 해양 오염의 근원지를 찾아내는 용도로 쓰인다.

촉각 기관 또한 모방 대상이 되었다. 프랑스 투르 대학 연구원들은 아주 작은 풍속 측정계가 장착된 로봇을 개발하고 있다. 공기의 흐름을 잘 감지해 내는 귀뚜라미의 꼬리털에서 영감을 받아 제작된 이 로봇은 풍속 측정계를 이용해 다른 움직이는 물체나 로봇과 충돌하는 것을 피한다. 이 연구소 외에도 세계 여러 연구소에서 다용도 감지기 역할을 하는 코털, 즉 감각모를 로봇에 장착하고 있다. 투르 대학 연구소에서 만든 로봇처럼 주변에 있는 쥐나 고양이 같은 동물을 피하고, 이동 속도와 바닥 재질, 장애물의 근접성 등 주위 환경을 감지하기 위해서이다.

그런데 이처럼 '동물에게서 영감을 받은' 센서를 지닌 로봇 동물은 대부분 자연의 발명품이 아니라 바퀴로 이동한다. 바퀴

야말로 로봇이 아스팔트나 시멘트로 평평하게 닦인 표면을 다니는 데 가장 편리하고 성능 좋은 장비이기 때문이다. 한편, 갈라진 틈이나 구불구불 팬 길을 가는 데는 여러 마디로 된 다리가 낫고, 담 위로 기어 올라가는 데는 빨판이 유리하다. 그래서 전 세계의 유수한 연구소들은 다리가 두 개에서 여덟 개 달린 동물의 운동 방식, 뱀처럼 배를 대고 물결처럼 기어가는 방식, 발바닥의 작은 돌기로 어떤 표면에든 들러붙는 도마뱀 특유의 수직 이동 방식 등을 빌려 온갖 종류의 로봇 동물을 만들고 있다.

보기와 걷기보다 더 추상적으로 보이는 임무, 예를 들어 최근 척추 동물 연구를 통해 밝혀진 신경 회로도 효율적인 행동의 연결과 같은 일을 완수하기 위해 '그대로' 모방할 수 있다. 파리 6대학 컴퓨터 공학 연구소에서 태어난 로봇 레고가 바로 그런 방식을 채용하고 있다. 레고는 먹이를 찾아 나설 때나 에너지원 공급소에 멈출 때, 충분히 에너지를 저장하고 나서 소화할 장소를 물색할 때 등 우선 행위를 선택하면서 주위 환경을 탐사하는 결정 과정에 척추 동물 특유의 뇌 구조, 기본 신경구의 신경 연결을 모방하여 채택하고 있다.

생물체의 기관을 분리해 낸 후 직접 로봇에 결합시키는 걸 선호하는 연구소도 있다. 일본의 미니 로봇 중에는 진짜 뽕나무 누에나방의 더듬이를 사용하여 냄새를 알아내는 것들이 있는가 하면, 미국의 로봇 중에는 진짜 개구리 근육을 이용하여 헤엄치는 것도 있고, 미국과 이탈리아 합작 로봇 중에도 진짜 칠성장어 뇌의 통제를 받아 움직이는 것도 있다. 이 같은 기이한 시도는 자연을 '훔치려는' 의도라기보다는 생체 기관과 로봇 기관을 서로 협력시켜서 눈앞에 놓인 장애를 극복할 수 있는 수단을 찾으려는 노력에서 나온 결과물이다.

로봇 동물이 일정한 환경에서 여러 가지 임무를 수행하게 만드는 과정에서 진화를 통해 이미 적응을 어느 정도 마친 다양한 감각과 운동, 신경 기관에 대한 연구가 무한히 확장될 수 있는 것처럼 보였다. 그러나 이 연구는 너무 빨리 한계가 드러났다. 사실 이런 로봇들은 적합한 환경에서는 아주 큰 힘을 발휘한다. 문제는 환경이란 그렇게 일정하지 않다는 것이다!

일상 환경이란 늘 변화무쌍하게 마련이다. 빛의 세기도 변하고, 주변 소음이 높을 때도 있고 낮을 때도 있으며, 후각을 어지럽히는 각종 냄새가 감각 기관을 방해하기도 한다. 또 사물이나 생물이 이동하면서 환경이 바뀌기도 한다.

인간은 이런 주변 환경의 변화를 끊임없이 인지하고 그 결과를 처리하여 감각 기관과 운동 기관의 반응을 바꾼다. 그러나 광전기 눈으로 움직이는 탐색용 로봇의 경우 약한 태양 빛이 시야에 들어오게 되면 어떤 반응도 하지 않은 채 그 자리에서 못 박힌 듯 꼼짝도 하지 않을 것이다. 우연히 발생한 쓸데없는 자극을 무시하라는 명령이 미리 입력되어 있지 않은 한 말이다.

알려진 환경에서 최대로 효율적인 이 로봇들이 부딪치는 문제가 하나 더 있다. 환경에 대한 지식이 선천적이지 않다는 것이다. 동물이나 로봇 동물이나 태어난 순간부터 환경에 대한 지식을 쌓기 시작하여 평생 지식을 쌓아야 한다. 한 로봇에게 빈 깡통을 주고 그것을 쓰레기 버리는 장소에 가서 버리도록 하려면, 그 로봇은 사전에 자신이 어느 위치에 있으며, 어떻게 쓰레기 버리는 장소를 알아볼 수 있으며, 어떤 방법으로 어느 길을 거쳐서 그곳에 가고, 에너지가 바닥이 날 경우 전기 플러그가 있는 곳을 어떻게 찾을 것인지 알아야 한다. 그러기 위해서는 동물 로봇으로 하여금 예상에서 벗어나지만 일어날 가능성이 있는 행동들을 처음부터 획득하게 하는 메커니즘, 즉 적응되었을 뿐만 아니라 적응하게 만드는 메커니즘이 필요하다. 물고기를 가지고 있는 것이 '적응된 것'이라면, 낚시를 할 줄 아는 것은 '적응하는 것'이라고 할 수 있다.

로봇 동물을 어떻게 공부시킬까?

오늘날 볼 수 있는 적응 메커니즘은 오랜 시간에 걸쳐 생물이 분화하여 새로운 생물이 출현하면서 고도로 발달된 메커니즘이다. 예를 들어 한 생물이 단세포에서 성체로 구성되는 성장 과정, 평생 한 개인의 품행을 형성하는 교육 과정, 지구상의 생명이 지속되도록, 적어도 지금까지 지속되도록 오랜 시간 동안 이루어진 종의 교육 과정과 진화 과정이 그러한 메커니즘이라고 할 수 있다.

한 로봇 동물의 성장 과정을 재현한다는 것은 아직은 이루어질 수 없는 소망이다. 게다가 완성된 인공 두뇌를 제작하려고 노력하는 것보다 인공 두뇌가 스스로 자신을 개발하도록 놔두는 것이 그 두뇌를 효율적으로 만들 확률이 현저히 높다는 사실이 최근에 증명되었다. 인공 두뇌를 놔두면, 신경 회로가 환경에 부닥치면서 성능이 뒤떨어지는 회로는 제거하면서 더욱 빠른 속도로 신경 시스템을 완성한다.

파리 6대학 연구소에서는 이 방식을 인공적인 6족 보행 생물 두뇌에 적용하여 6족 보행 곤충 로봇의 운동을 관장하게 만들었다. 그 로봇은 성장 단계 명령에 따라 자동으로 임무를 성공적으로 수행하기 위하여 새로운 뉴런˚을 생성하는 방법과

다리를 움직이는 뉴런 쪽으로 연결하거나 그 뉴런을 끌어들이는 방법, 뉴런을 파괴하는 방법, 신경 충동의 힘을 변경하는 방법 등을 스스로 구축해 갔다. 그러나 이렇게 실험자가 미리 설정해 둔 명령에 따르는 것은 실제 동물의 성장 과정과 많이 다르다. 실제 동물의 성장 과정을 재현한 인공 메커니즘을 완성하는 것이 학자들에게 남겨진 어려운 숙제라고 할 수 있다.

반대로 로봇 동물의 교육 과정은 학계에서 상당한 반응을 얻고 있다. 현재 로봇의 교육 방법은 인공 지능 연구 초기의 비현실적인 교육 원칙을 피하는 데 주안점을 두고 있다. 그 당시 로봇 연구자들은 교육 과정 후에 해야 할 것들을 로봇에게 너무 자세히 지시하는 오류를 저질렀다. 예를 들어 컴퓨터가 "2 곱하기 4는 몇인가?"라는 질문에 "3."이라고 대답하면 연구원들은 옳은 답을 제시해 주었다. 그러면 컴퓨터는 정답과 자신의 답이 얼마나 차이가 나는지 정확히 계산할 수 있었고, 결국 정답이 나올 때까지 프로그램을 계속해서 수정할 수 있었다.

그런데 실제 환경은 이렇게 후한 정보를 주지 않는다. 단지

● ● ●

뉴런 신경 세포와 거기에서 나오는 돌기를 합친 것으로, 자극을 수용하고 전달하는 기능이 있는 신경계의 기초 단위.

답이 틀렸다는 사실만 알려 줄 뿐이다. 이것은 동물 세계에서도 마찬가지이다.

장애물을 피하는 방법을 습득할 때를 생각해 보자. 장애물을 피하면 아무 일 없이 지나가지만, 피하지 못하면 넘어지거나 부딪히거나 해서 충격을 받는다. 이처럼 환경이 주는 정보란 모호한 긍정 또는 부정뿐이다. 환경은 장애물을 피하려면 근육에 정확히 몇 개의 신경 충동을 가해 움직여야 할지 자세히 일러 주는 법이 없다. 이런 유형의 교육을 **강화 학습 방식**이라고 부르는데, 동물 심리학 또는 인간 심리학에서 이미 잘 알려진 방법이다. 개체는 처음에는 어떻게 반응해야 할지 모르다가 반복된 시도와 실수를 통해 조금씩 반응 방식을 깨닫게 된다. 좋지 않은 행동은 자제하고, 상황에 들어맞는 행동을 하는 것이다.

로봇 동물을 이러한 방식으로 가르치는 예는 이미 많이 있다. 일본의 '나무 타는 로봇'은 열대우림에서 서식하는 원숭이들이 나뭇가지에 매달려 가지에서 가지로 이동하는 방식을 모방했다. 이 로봇은 한 손으로 수평 사다리 막대를 쥐고 다른 한 손으로 좀 더 떨어져 있는 막대를 잡는 등 몸을 앞뒤로 흔들기 위해 연속으로 동작을 취하는 법을 강제로 배웠다. 그 과정에서 특히 어려웠던 것은 막대기 사이의 간격이 일정하지 않았다는 것이었다. 로봇은 시각 장치를 이용해 지나가야 할 거리를 재고, 몸을 얼마나 앞뒤로 흔들어야 하는지 가늠해야 했다. 물론 그 때문에 교육 기간은 상당히 길어질 수 있다. 하지만 사람도 자전거를 완벽하게 탈 줄 알게 되기까지 많은 시간을 연습해야 하지 않는가?

또 다른 교육 방식은 로봇 동물(그리고 동물)이 결과의 성격을 전혀 알 수 없을 때 쓰는 방식이다. 실험자가 선험적으로 지정하지 않은 상태에서 결합했을 때 그 결과가 좋은 결합이 될지 나쁜 결합이 될지 알 수 없는 여러 가지 행동들을 서로 연관시키는 것이 목적인 이러한 유형의 교육 방식을 **비감독하의 학습 방법**이라고 부른다.

비감독하의 학습 방법은 보통 공간 인식 작업을 위해 사용되고 있다. 로봇 동물은 방 안에서 자신의 위치를 파악하기 위해 주위의 시각적 특징을 지표로 만들어 그 정보를 저장할 수 있다. 여러 차례 탐사하고 나서 로봇 동물은 센서로 오른쪽에 '하얀 지역-빨간 지역', 왼쪽에 '하얀 지역-갈색 지역'을 보면서 자신이 어디쯤 있는지 추측한다. 이때 로봇이 지어 낸 연상 작용이 근거가 있는지 없는지 아무도 알려 주지 않는다.

비감독하의 학습 방식 자체가 로봇 동물에게 최적의 환경을 구성할 수 있는 것은 로봇 동물 자신뿐이라는 원칙에서 출발하

기 때문이다. 사람이라면 아마도 '벽-달력'이 오른쪽, '벽-책
장'이 왼쪽이라고 연상했을 것이다. 그러나 이것은 색상만 이
해할 수 있는 로봇에게는 능력 밖의 일이다.

로봇 동물에게 새로운 장소를 배우게 하는 프로그램은 아주
많다. 이런 프로그램을 통해 로봇 동물은 인지 지도[•]를 작성하
고, '머릿속으로' 한 장소에서 다른 장소로 가기 위해 평소에
다니던 길이 막혔을 때 우회하거나 지름길을 선택하기 위해 이
지도를 사용한다. 이 프로그램들은 포유류의 신경 구조인 해마
와 전두엽의 세포들이 공간을 인식하고 머릿속으로 지도를 만
들어 정보를 재조합하는 과정에서 영감을 얻어 만든 것이다.

한편, 다른 연구 결과들을 보면 여러 개체가 함께 모여서 행
동함으로써 집단적으로 발생하는 과제 습득 양상을 알 수 있
다. 동물 세계에서 일개미들이 집과 먹이가 있는 곳 사이를 왔
다 갔다 하는 것에서 그 예를 찾아볼 수 있다.

개미들이 먹이를 발견하고 집으로 나르기 시작하고 나면 이
내 몇몇 개미들이 동료들을 설득해 최장 거리를 포기하고 최단

● ● ●

인지 지도 사람이 공간에 대해 어떠한 형태로 인지하고 있는가를 지도처럼 표현
한 것.

거리를 이용하게 한다. 테니스 코트의 심판석처럼 전체를 한눈에 들여다보며 감독하는 이도 없고, 최장 거리와 최단 거리를 계산하고 어느 길을 택해야 할지 알려 주는 사람도 없는데 이런 일이 일어난다. 그 비밀은 생각보다 훨씬 단순하다. 최단 거리는 바꿔 말하면 왕복하기에 가장 빠른 길이다. 그런데 통계를 내 보면 개미들이 왕복한 횟수가 가장 많은 길이 최단 거리인 길이다. 개미는 지나가는 길에 냄새 나는 호르몬 흔적을 남기고 그 자취가 진할수록 더 많은 동료들이 이끌리게 된다. 그러므로 이 동료 개미들이 흔적이 더 많이 남겨진 길을 택하는 것은 당연한 일이다.

로봇 동물 역시 단체로 이와 비슷하게 설치된 지표의 개수가 늘어나는 방식을 써서 최단 거리를 가늠하는 것을 배운다. 이 원칙은 통신 엔지니어들이 복잡한 통신망 속에서 전화 메시지들을 되도록 빨리 연결시키는 원칙과 같다.

개별 학습과 단체 학습은 로봇 동물이 태어나서부터 죽을 때까지 계속된다. 그런데 세대 간에 전수되는 학습 방법은 종의 학습, 달리 말하면 진화이기 때문에 앞의 두 학습 방법과는 별개이다.

연구원들은 대담한 은유적 표현을 사용하여, 유전자를 변경하고 교환하는 염색체, 로봇 동물의 탄생과 세대 교체, 다윈식의 자연 선택, '인공 진화'를 주장한다. 물론 연구원들은 바보가 아니므로, 자신들이 말하는 진화 메커니즘이 자연종 진화에 개입되는 다양한 요소와 얼마나 다른지 아주 잘 알고 있다. 그러나 이처럼 극도로 단순화된 방식을 이용하면 계속해서 세대가 교체된 이후에도 임무를 효율적으로 수행하는 진화된 로봇 개체를 만들 수 있다.

물론 이렇게 탄생한 로봇들이 가장 능률적인 개체가 아닐 수도 있다. 그러나 자연적으로 태어난 유기체라 하더라도 세대가 거듭 교체되었다고 해서 가장 유능한 개체가 나온다는 보장도 없다. 하지만 이 로봇들이 대단히 뛰어난 능력을 가진 것은 확실하다.

앞에서 언급한 6족 로봇의 두뇌에 이 방식을 적용하여, 효율적인 동작을 위해 각 다리의 움직임을 연결하는 데 사용해 보았다. 이것이 일명 '다윈식 6족 로봇' 제작법이다. 이 책의 주제와 아주 긴밀하게 이어져 있으므로 이를 자세히 살펴보자.

다윈식 6족 로봇 제작에 들어가는 재료로는 센서에 연결된 뉴런, 다리 모터에 연결된 뉴런, 다른 뉴런으로 나뉘어 자기네들끼리 연결되거나 기존의 뉴런과 연결될 기본 뉴런, 성장 신호를 코딩한 염색체, 로봇 동물의 행동 효율성을 측정할 측정기(주행 거리 측정), 각 세대 로봇의 모든 시뮬레이션을 연이어 재현할 컴퓨터가 있다. 이는 모두 3단계로 진행된다.

1단계 : 기본 뉴런 분할하기, 특정 뉴런을 특정 방식으로 특정 운동 뉴런에 연결하기, 특정 연결 파괴하기 등 각기 다른 성장 신호를 의미하는 임의의 유전자들이 담긴 염색체 100여 개를 만든다. 각각의 염색체가 성장하여 두뇌를 형성하도록 놔둔다. 이렇게 해서 1세대 두뇌가 완성되면 하나씩 로봇 동물에 옮긴다. 그러고 나서 측정기로 수행 결과에 점수를 매긴다. 이때 로봇이 여러 다리를 동시에 움직이는 것이 서투르더라도, 가만히 있는 로봇보다 다리를 움직이는 로봇에게 더 후한 점수를 준다.

2단계 : 좋은 점수를 받은 로봇들만 남기고 나머지는 '다윈식으로' 싹 없애 버린다. 남겨진 로봇들의 염색체들을 회수하고, 두 염색체에서 임의로 선택한 성장 신호 프로그램을 일부 교환하며, 유전자들을 임의로 여기저기에서 골라 변형시킨다. 이렇게 해서 차세대 미래형 두뇌의 새로운 염색체를 만든다. 이렇게 해서 만들어진 이 로봇들을 앞 단계와 같은 방식으로 테스트한다.

3단계와 최종 단계 : 세대를 거듭하면서 사방으로 뛰어다닐 수 있는 로봇 동물이 나타날 때까지 앞의 두 단계를 한없이 반복한다.

이 방법을 이용하면 엔지니어가 3년 걸려 만들 신경망을 이틀 안에(더 최근에 나온 기계라면 30분 안에) 만들 수 있다.

스위스와 영국을 비롯한 여러 나라의 연구소에서는 천적 로봇의 행동 발달에 이 방법을 사용했다. 먹이 로봇은 천적 로봇을 피하는 능력에 따라 점수를 매겼고, 천적 로봇은 먹이 로봇을 잡는 능력에 따라 평가해 세대를 거듭 교체하는 실험을 한 것이다.

연구 결과 두 로봇은 세대 교체를 통해 효율적인 전략을 찾아내고, 상대가 공격을 피하면 그에 따라 전략을 바꾸는 모습을 보여 주었다. 천적 로봇은 먹이 로봇의 움직임을 미리 예상하고 전략적 지점에서 먹이를 기다렸다. 그러나 몇 세대가 지나자 이번에는 먹이 로봇이 천적 로봇의 예상을 어지럽히기 위해 기존 통행로에서 임의로 벗어난 길을 추가하였다.

이 실험을 통해 1973년 미국의 생물학자 밴 베일른*이 주장했던 원칙이 증명되었다. 그 원칙에 따르면 최적 전략 선택 경기를 한다고 해도 완벽한 먹이나 완벽한 천적은 생겨나지 않는다. 하나가 개선되면 반드시 또 다른 하나도 개선되기 때문이다. 『이상한 나라의 앨리스』에는 앨리스가 붉은 여왕을 만나

여왕에게 손목을 붙잡힌 채 정신없이 시골길을 달리는 대목이 있다. 그러나 아무리 빨리 달려도 그들은 앞으로 나가지 못하고 제자리 걸음을 할 뿐이다. 의아스러워하는 앨리스에게 여왕은 "이곳에서는 있는 힘을 다해 달려야만 제자리에 머물 수 있다."라고 설명한다. 밴 베일른이 주장한 원칙은 이 장면을 따 '붉은 여왕 가설'이라는 이름이 붙었다.

진화론 방식은 미국에서 골렘* 프로젝트의 근원이 되기도 하였다. 이 프로젝트의 목적은 로봇 제작에서 인간이 개입하는 부분을 더욱 줄이는 것이다. 연구원은 로봇 동물에게 단순히 '빛이 있는 곳까지 효율적으로 기어오기' 같은 목표를 정해 준다. 그러면 로봇은 바닥을 기기 위한 최적 형태와 그에 필요한 광센서 및 모터의 개수를 파악하고, 가장 능률이 높은 자세, 그 자세를 가장 잘 취하기 위한 제어 구조를 파악하여 스스로를

● ● ●

밴 베일른(Leigh Van Valen, 1935~) 미국의 진화 생물학자. 성의 진화에 관한 가설 중 붉은 여왕 가설을 처음으로 주장한 사람이다. 현재 미국 시카고 대학 교수로 재직 중이다.

골렘 유대 전설에 나오는 진흙 인형. 17세기 프라하의 유대인 게토에서 전하는 전설에 따르면, 랍비 뢰브가 흙으로 모양을 빚은 후 카발라로 생명을 불어넣어 만든 거인으로 판타지 소설 등에서는 괴물로 묘사되지만 사실은 유대 민중의 수호신으로 창조되었다.

완벽하게 구축한다. 이 모든 일이 동시에 일어난다! 컴퓨터상
으로 세대 교체 시뮬레이션이 이뤄지면서 낙오자는 자연 선택
에 따라 도태되어 능률적인 형태에 자리를 내준다.

이렇게 되면 주어진 목표를 위해 어떤 로봇이 스스로를 화
살 모양으로 만들려고 할 때 컴퓨터가 부여하는 계획을 따르기
만 하면 된다. 이 원칙이 발견되면서 인간이 한계를 인지하지
못한 상황까지도 참작하여 완벽하게 고안된 상업용 로봇이 없
는 상황에 새로운 희망이 생겼다. 형태와 제어의 공동 진화, 환
경과의 밀접한 상호 작용을 통해 로봇 동물은 좁은 곳에 침투
하기 위해서 뱀 같은 외관을, 무너진 건물 잔해 위를 빠르게 걷
기 위해 곤충 모양을, 강을 건너기 위해 물고기 형태를, 나무
사이를 이동하기 위해 원숭이 같은 형태를 취하는 등 스스로
실험 환경에 맞춰 특화할 것이다. 환경에 따라 한 형태에서 다
른 형태로 바꿀 수 있는 유연한 외관이라고 왜 가능하지 않겠
는가?

3

로봇 동물이
왜 필요할까?

로봇은 어디에 활용될까?

로봇 동물이 제아무리 재주가 많아도 실제로 적용되는 예는 그리 많지 않다. 이 분야가 사람 나이로 치면 대단히 젊은 분야이기도 하지만, 로봇 동물이 스스로를 제어하도록 만들려는 생각이 더 큰 이유인 것 같다.

산업에서 로봇 동물이 스스로를 제어한다는 것은 큰 결점이다. 연구원들이 장점으로 생각하는 로봇 동물의 자율성과 산업 부문에서 생각하는 자율성은 근본적으로 다르다. 실내 온도가 섭씨 21도 안팎일 때 멈추거나 작동하는 난방기가 있다고 치자. 이 난방기는 작동, 멈춤, 온도가 미리 정해져 있다. 그런데 방의 실내 온도를 21도로 데우는 임무가 주어진 로봇 동물은 다른 방식으로 움직인다. 로봇 동물은 우선 방의 특성부터 배우기 시작한 다음에 이 방이 사용되지 않는 방이라는 것을 탐지하고 나면, 몇 시간 동안 난방을 할 필요가 없다고 결정할 수도 있고, 방에 들어온 사람이 특별히 추위를 많이 타기 때문에 온도를 높여야겠다고 결정할 수 있다. 또 에너지를 재충전하러 가기 위해 임무를 멈추기로 결정할 수도 있고, 난방 온도를 비교하기 위해 건물 전체를 탐색하러 나서기로 결정할 수도 있다. 로봇 동물의 원칙에 따르면 인간은 로봇에게 해야 할 것을 지시하고 그 임무를 어떻게 해야 하는지 지시하지 말아야 한다. 그런데 공장에서는 이런 원칙에 입각해 생긴 우발적인 상황을 수용할 수가 없다.

그러나 인간이 이런 로봇을 사용하는 게 더 좋은 상황이 있다. 재해가 일어난 후 폐허 더미 속에서 생존자를 찾는 일, 심해로 추락한 비행기의 블랙박스를 회수하는 일, 지뢰를 탐지하고 제거하는 일, 가동 중인 핵 발전소를 수리하는 일, 미지의 심해 및 지하 탐험, 인간이 접근할 수 없었던 지역을 탐험하는 일 등이다. 이런 임무 앞에서 인간은 늘 무기력하다. 정보가 너무 없거나 임무가 너무 위험하기 때문이다. 이런 임무를 기꺼이 그리고 잘 수행할 수 있는 것은, 스스로 필요한 정보를 채집하고 임무 수행에 실패할 경우 희생될 위험을 감수할 수 있는 인공적인 개체뿐이다. 완벽한 로봇 동물과는 거리가 있는 초기

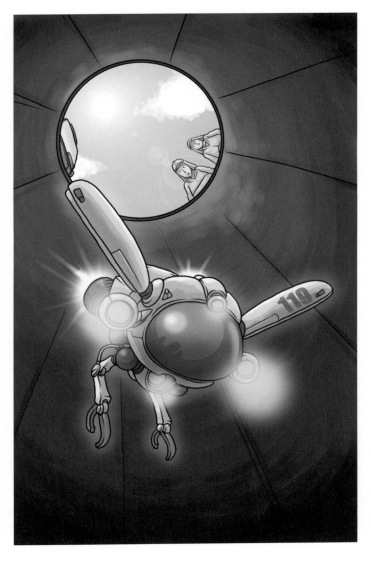

로봇 동물은 가동 중인 핵 발전소를 수리하는 일 등
인간이 위험해서 도저히 할 수 없는 여러 가지 임무를 수행하는 데 쓰인다.

로봇들도 그런 특성이 있는 것들로 골라 이미 의무 실행 단계에 들어갔다. 예를 들면 미국 항공 우주국(NASA)의 거미 로봇 단테 II는 활화산을 탐험했다. 또 다른 로봇인 마인 로버는 금속 파편 더미에서 지뢰를 구별하는 작업을 했고, 독일에서 제작된 자율적인 로봇 커트는 하수구 안을 검사하여 청소하는 역할을 맡았다. 수퍼 아킬레우스는 프랑스에서 제작된 로봇으로, 닻 없이도 한 지점에서 스스로를 지탱하면서 심해를 탐사한다.

허드렛일을 돕는 가사용 로봇과 아이들에게 즐거움을 주는 장난감 로봇은 너그럽게 용인되어 혁신적인 사업가들의 관심까지 끌었다. 룩셈부르크에서 제작된 자율적인 진공 청소기 트릴로바이트는 스스로 행로를 결정하고 에너지를 충전한다. 스위스에서 제작된 인형 로봇 로보타는 자신을 입양한 엄마와 상호 작용을 하며 동작을 모방할 수 있다. 또한 로보타에는 자폐증을 앓는 아이들을 위한 치료 프로그램도 입력되어 로봇이 신체 및 정신 질환의 다양한 치료법에 적용되는 시초가 되었다.

로봇 연구를 통해 무엇을 알 수 있을까?

국립 연구소 소속 연구원들은 로봇 동물의 주요 기능이 기초 연구에 이바지하는 것이라고 생각한다. 비록 정부에서 많은 돈을 지원해 주는 건 아니지만 자신들이 만든 로봇 동물이 산업에 응용되거나 수익을 창출할 수 있을지 끊임없이 염려하지 않아도 되기 때문이다. 기초 연구의 목적은 단기간에 산업적으로 응용하겠다는 것만을 목표로 삼는 게 아니라 아직 밝혀지지 않은 주제들에 관한 지식을 넓히는 것이다.

앞에서 언급했지만 로봇 동물은 생물체를 자율적이게 만드는 메커니즘을 이해하는 데 이용된다. 그렇다면 그런 메커니즘을 종합해 놓은 로봇 동물은 생물체만큼 자율적으로 움직일 수 있음을 증명해야 할 것이다. 그렇다면 오늘날 과연 그것이 증명되었을까? 아니다! 왜 이처럼 우울한 대답이 나올 수밖에 없는가를 설명하기 전에 우선 긍정적 성과부터 언급해 보겠다.

로봇 동물들은 동물의 자율성에 대한 지식을 늘리는 데 많은 기여를 했다. 예를 들면 로봇 동물은 로봇과 환경의 상호 작용을 통하여 형성된 시스템을 통해서만 자율성을 얻을 수 있다는 사실을 증명했다. 인간은 로봇에게 행동에 대해 조언만 하면 된다. 인간이 이 시스템에 끼어들 필요가 없다.

인간이 로봇의 제어 구조에 어떤 물체를 코드화해 넣을 수도 있다. 그러나 만약 로봇이 그 물체에 대한 코드를, 비록 그것이 인간의 코드와 다를지라도, 자신의 감각 장치나 운동 장치로 직접 작성하지 않는다면 언젠가는 자신이 익숙한 세계와 그 코드를 통합하는 데 문제가 생길 것이다.

대단히 미약한 시각 능력을 지닌 미니 로봇인 다이더봇들은 보행 거리 측정 장치(위치, 속도, 가속도 센서)를 이용하여 바닥에 흩어진 크고 작은 정육면체들을 구분한다. 다이더봇은 우선 특성을 조사하는 데 시간이 얼마 걸리지 않는 장애물과, 반대로 특성을 조사하는 데 시간이 좀 더 오래 걸리는 장애물을 구분한다. 또한 집게를 이용해서 들어올릴 수 있는 물체와 들어올릴 수 없는 물체를 구분한다. 구분 기준은 중요하지 않다. 로봇들은 자신들이 처한 환경을 자신들만의 감각 언어와 운동 언어로 해석하고 주어진 임무를 수행하기 위해 이 언어를 자유자재로 이용할 것이다. 작은 정육면체들을 주워 오라는 임무를 수행하기 위해서 정육면체란 게 정확히 뭔지, 각 면이 몇 센티미터인지를 알아야 할 필요는 없다. 그러나 주위를 도는 데 시간이 걸리는 장애물이라면 그것은 너무 무거운 물체이므로 잡으려고 집게를 이용해 보았자 소용이 없다는 것을 추론하는 것은 유용할 수 있다.

또한 로봇 동물들이 임무를 수행할 때 제작자의 한계를 넘어서기 위해 더욱더 관심을 기울여야 하는 주요 기능이 무엇인지 밝혀냈다. 그중에는 이미 위에서 언급한 **네비게이션**과 행동의 선택이 있다.

네비게이션은 로봇 동물이든 진짜 살아 있는 동물이든 자신의 위치를 파악하고, 방향을 정하며, 한 장소로 이동하는 것을 동시에 통칭하는 용어이다. 네비게이션이 가능하다는 것은 미지의 환경에 대해 알고 있다는 뜻이며, 흥미로운 장소로 이동할 줄 알고, 위험한 곳이면 피할 줄 안다는 뜻이다. 그리고 미리 감지해 두었던 환경의 특성에 변화가 생길 경우 이 데이터를 계속해서 새롭게 업데이트할 줄 안다는 뜻이다. 많은 로봇들이 탄생할 때부터 여러 네비게이션 방법을 시험해 본다. 이 네비게이션 기능은 끊임없이 개선되며, 네비게이션을 제대로 실행하기 위해서는 외부 정보(시각 등)와 내부 정보(가속, 속력 등)가 반드시 필요하다는 사실을 명백히 보여 준다. 마찬가지로 존재하는 물체들(의자 옆에 장롱이 있다.)을 가지고 환경을 코드화하는 방식은 나를 중심으로(내 왼쪽에는 장롱이 있다.) 환경을 코드화하는 지표 형성 방식에서 탈피할 수 있게 해 주며, 다양한 상황에서 실행된 여러 가지 행로들을 서로 비교해 가장 흥미로운 행로를 선별할 수 있게 해 준다.

행동의 선별 기능이란 생명을 유지하기 위해 다양한 행동들을 연결하여 행할 수 있는 기능을 가리킨다. 우리가 하는 행동의 순서는 멋대로 정해지는 게 아니다. 인간만이 아니라 하다

못해 쥐라도 음식을 입으로 가져오기도 전에 씹는다거나 목이 마른데 물을 마시러 가는 대신 잠을 자기로 결정하지는 않을 것이다. 그렇다면 즉각적인 결정을 제어하는 내부 회로는 어떤 것일까? 30년 전부터 동물 행동학 전문가들은 이것을 주된 연구 주제로 삼아 행동의 연결을 설명하기 위해 많은 메커니즘을 상상해 냈다. 그 대부분이 로봇 동물을 가지고 시험해 본 결과, 작동하지 않는 메커니즘이었다. 특히 똑같이 긴급하게 처리해야 할 두 가지 행동을 놓고 결단을 내리지 못하고 끊임없이 주저하는 로봇을 만들어 내는 메커니즘들은 확연하게 눈에 띄었다. 최근 신경 생리학자들은 생물의 흡사한 행동 선택에 관여하는 신경 회로를 발견해 냈고, 이것을 적용한 결과 결단력을 어느 정도 갖춘 로봇 동물이 제작되었다.

그렇다면 로봇 동물의 자율성은 생물과 비교해서 무엇이 아직 부족한 걸까?

어떤 부분을 더 해결해야 할까?

로봇 동물에게는 멀티태스킹을 비롯해 갖추어야 할 기능들이 아직도 많다. 아무리 작은 바퀴벌레라도 장소 탐색, 먹이 찾기, 짝짓기, 보금자리 만들기, 천적이 나타나면 도망가기 등 여러 가지 일들을 동시에 해낸다. 바퀴벌레의 기억 속에는 각기 다른 특수 기능이 담겨 있어서 상황에 따라 이 모든 것을 동시에 실행한다. 군집 내부에서 생존하려면 고도의 전문가보다는 두루두루 잘하는 팔방미인이 되어야 하는 것이다.

그러나 현재의 로봇 동물들은 아직 동시에 다양한 임무를 수행하지 못한다. 단일 임무를 수행하면서 여러 행동 중 어떤 행동을 선택하는 경우에는 그 행동들이 전부 같은 레지스터 안에 들어 있거나 제작자에 의해 미리 완전히 프로그래밍되어 있다. 파리 6대학 연구소는 이 단점을 보완하기로 결정하고 동체 하나로 각종 기능을 수행할 줄 아는 프시카르팍스라는 로봇 쥐 제작에 들어갔다. 이 로봇의 형태와 감각 장비, 모터 장비들 또한 진짜 쥐의 기관과 최대한 비슷하게 만들어졌다. 그렇다면 왜 이구아나를 택하지 않고 쥐를 택한 것일까? 그 이유는 이 연구가 쥐를 전문으로 다루는 유명한 신경 생리학자들과 협력하여 이루어지기 때문이다.

현재 로봇 동물에게 또 다른 부족한 면은 단체 생활이다. 로봇 동물들은 대부분 혼자 있다. 물론 혼자 사는 동물들도 많지만, 조직화된 사회에 가담하지 않으면 스스로 천적에 대처하고 짝짓기 파트너도 알아서 구해야 한다. 그렇지 않으면 자신의 생존, 종의 생존이 빠른 시일에 위협받을 것이다.

로봇 동물식 접근 방법의 한 분야에서 다주체 시스템을 주제로 로봇이 각 구성원으로 떨어져 있을 때보다 (앞에서 언급한 개미처럼) 무리지어 있을 때 더 빨리 적응하는 이유가 무엇인지 연구하고 있지만, 동물들이 어떻게 상호 작용하는지 그 메커니즘을 제대로 모델링한 연구 성과는 단 한 건도 없다.

아마도 그 메커니즘 중 하나는 감정일 것이다. 감정은 천적의 출현처럼 갑작스러운 사건에 따라 감각 신경뿐만 아니라 운동 기관의 효율성을 변화시킨다. 공포가 일어나면 일부 감각은 예민해지고 도망갈 준비를 하게 된다. 또한 감정은 대화에 참여하고 있는 구성원 각자의 상태를 알려 주며 의사소통을 원활하게 만든다. 평상시에는 서로를 견디지 못하는 수컷과 암컷도 번식기에 접어들면 만나기도 하고, 같은 종 안에서 먹이를 쉽게 구할 수 있는 영토를 놓고 폭력이 일어나기도 한다.

감정이 없다는 것이 큰 특징인 로봇은 주위를 에워싼 살아 있는 세상에서 자폐아와도 같다. 현재 감정이 있는 로봇의 제작이 진행되고 있지만, 여기서는 어쩔 수 없이 편법을 사용할 수밖에 없다. 로봇 동물은 감정을 표현할 줄은 알지만 감정을 느낄 수 없고 이용할 수 없는 것이다. 얼굴만 있는 로봇 키스멧*이 웃는 이유는 학습에 따라 웃음이라는 표현을 행복한 상황과

연관시킬 줄 알기 때문이다. 물론 이것도 대단한 성과이다. 그러나 키스멧이 웃는다고 해서 이 웃음이 몸체에 연결된 기관에 일련의 변화를 일으켜 상황에 적합한 행동으로 응답하게 준비시키는 역할까지 하는 건 아니다. 이 로봇에게는 몸체가 없기 때문이다. 하지만 같은 연구소에서 만들어진 인간형 로봇 코그의 몸체가 끼워질 예정이므로 이 실험에는 희망을 가져 봐도 좋을 것 같다.

마지막으로 현재 로봇 동물의 가장 큰 결점은 에너지 자율성이 없다는 것이다. 연구원들은 자신들이 제작한 로봇들을 자랑스럽게 여기지만 이 로봇들이 15분간 여기저기 돌아다니려면 몇 시간 동안 쓸 수 있는 가득 충전된 충전지가 필요하다. 춤추고 대화하는 일본의 인간형 로봇 SDR-4X II와 그 유명한 로봇 개 아이보처럼 현재 기술적으로 가장 진보된 로봇들은 짧은 시간 동안 움직인 후 좋아하는 침대로 신속히 되돌아가 에너지를 충전해야 한다. 한 영국 연구원은 이 문제에 대해 기이한 해결책을 고안해 냈다. 그가 만든 슬러그봇은 달팽이를 잡

● ● ●

키스멧(Kismet) 미국 MIT 인공 지능 연구소에서 개발한, 인간의 얼굴 모양을 본떠 만든 로봇. 이 얼굴은 슬픔, 기쁨, 행복, 분노 등 감정을 표현한다.

아먹고 소화한 뒤 소화물을 전기로 전환시킨다. 그 전기로 다시 달팽이를 잡으러 다닐 수 있다. 이 방법은 상당히 독특하지만 완벽하게 문제를 해결한 건 아니다. 50년 동안 사용할 수 있는 원자력 전지부터 초소형 충전지까지 존재하는 판국에 굳이 저런 방법으로 문제를 해결해야 하는지 의문이 들 수 있다.

그러나 이런 연구는 반드시 필요하다. 이 문제를 해결하지 못하면 일의 순서가 뒤바뀔 수 있다. 생물은 보유한 에너지를 아무렇게나 다 쓰고 난 뒤 재충전하는 식으로 살아 가지 않는다. 운동에 필요한 에너지를 찾아 흡수하며, 이용하고 절약하는 등 에너지를 운영하고 관리한다. 적응 메커니즘에서 선택은 기본적으로 세포 활동이 원활히 이뤄지기 위한 고체, 액체, 가스 재료가 더욱 적게 필요하고 적게 이용되는 쪽으로 쏠리게 마련이다. 생물처럼 능률적인 메커니즘이 생기기를 바란다면 로봇 동물의 행동 양식 목록을 제작할 때 생물에게처럼 생사를 결정하는 압박을 줘야 할 것이다.

4

살아 있는 로봇을
만들 수 있을까?

로봇 동물은 현재 어디까지 와 있을까?

생명을 규정한다는 것은 겉으로 보이는 자율성을 규정하는 것뿐만 아니라 이 자율성을 생성하는 원칙을 규정한다는 뜻이다. 그중 몇 가지 원칙을 배웠지만 로봇 동물이 생물학자들이 말하는 생물의 기초적인 특징만이라도 갖추려면 아직 멀었다.

살아 있는 유기체는 자신에게 필요한 요소들을 환경에서 취하여 유용한 산물로 변화시키면서 '자가 보전'을 할 수 있다. 이 산물의 생산을 조절하면서 '자가 규제'를 할 줄 알고 다른 새로운 유기체 안에 자신의 특성을 전달함으로써 다소 장기적으로 이전 메커니즘들을 보전하는 방식으로 '자가 번식'을 할 수 있다. 로봇 동물 제작자들은 그렇게 경이로운 기계를 만들어 내지 못했다. 좀 더 대담한 비유를 들면, 현재 가장 똑똑한 로봇이 아직 가장 간단한 박테리아의 발끝도 못 따르는 형편이다. 재료와 기술, 지능 등 로봇 연구자들이 넘어야 할 장애물은 수없이 많이 남아 있다.

또한 문화적 장애도 넘어서야 한다. 세계 각국의 사람들은 스스로 인공적인 삶을 살아 가는 로봇에 대하여 각양각색의 인상을 가지고 있다. 아시아의 연구자들은 별 문제가 없다. 아시아 문학과 영화에는 사악한 로봇으로 인한 인간의 파괴를 소재로 한 작품이 별로 없기 때문이다. 오히려 로봇이 인간의 생명을 지켜주는 이야기가 많다. 그 예로 데즈카 오사무˚가 1951년에 만든 그 유명한 '별 소년'이 있다. 데즈카는 가상의 아들이 겪는 모험들이 전달하는 메시지를 다음과 같이 요약하고 있다. "모든 피조물에 대한 사랑! 살아 있는 모든 것에 대한 사랑!" 이러한 문화적 배경 때문에 일본과 한국, 중국 등지에서 진행되는 응용 연구가 거절당하는 일 없이, 인공 피조물이 대중에게 가져올 수 있는 도움에 집중될 수 있는 것이다. 그와는

• • •

데즈카 오사무(1928~1989) 일본의 만화가, 애니메이션 감독. 「우주 소년 아톰」, 「리본의 기사」, 「블랙 잭」 등의 작품을 연출했으며, 현재 세계 최고의 만화 왕국 일본을 만든, 일본 만화의 아버지라고 불린다.

대조적으로 「프랑켄슈타인」에서부터 터미네이터 T-800, 차페크의 로보타와 「메트로폴리스」*의 여자 로봇에 이르기까지 서양 문화에서 로봇은 제작자에게 항거해 왔다. 로봇을 인류의 친절한 수호자로 설정한 아시모프*의 로봇 공학 3원칙* 같은 예외가 있긴 하지만, 서방 세계에서는 로봇 연구에 대한 이해할 수 없는 비밀스러운 공포가 남아 있다.

로봇 동물은 동양에서 말하는 천사도 아니고 서양에서 상상하는 악마도 아니다. 로봇은 허구를 넘어선 문화이며 지식이다. 지식 탐구를 위한 응용은 연구자와 기업에 따라 윤리적일 수도 있고 비윤리적일 수도 있다. 그러나 이것은 로봇 제작자들만의 특성이 아니다. 이 인간의 특성이다.

● ● ●

메트로폴리스(Metropolis) 프리츠 랭이 1927년에 제작한 공상 과학 영화.

아이작 아시모프(Issac Asimov, 1920~1992) 미국의 공상 과학 소설 작가이자 화학자. 공상 과학 소설 외에도 미스터리 소설, 과학 해설서 등 다양한 분야의 책을 썼으며, 《아이작 아시모프 매거진》을 창간하여 이후 공상 과학 소설의 발전에 크게 기여했다. 3대 공상 과학 소설가 중 한 사람으로 꼽힌다.

로봇 공학 3원칙 1942년에 아시모프가 인간을 지배하는 로봇이라는 고정 관념을 타파하기 위하여 만들어 낸 개념으로, 다음과 같다. 첫째, 로봇은 인간에게 해를 끼쳐서는 안 되며, 위험에 처해 있는 인간을 방관해서도 안 된다. 둘째, 첫째 원칙에 위배되지 않는 경우 로봇은 인간의 명령에 반드시 복종해야만 한다. 셋째, 첫째 원칙, 둘째 원칙에 위배되지 않는 경우 로봇은 자기 자신을 보호해야만 한다.

더 읽어 볼 책들

- 김문상, 『**로봇 이야기**』(살림, 2005).
- 배일한, 『**인터넷 다음은 로봇이다**』(동아시아, 2003).
- 이인식, 『**나는 멋진 로봇 친구가 좋다**』(랜덤하우스 중앙, 2005).
- 도지마 와코, 조성구 옮김, 『**로봇의 시대**』(사이언스북스, 2002).
- 로드니 A. 브룩스, 박우석 옮김, 『**로드니 브룩스의 로봇 만들기**』(바다, 2005).
- 로버트 말론, 오준호 옮김, 『**헬로우 로봇**』(을파소, 2005).
- 클리브 기포드, 박종오 옮김, 『**어떻게 로봇을 만들까?**』(사이언스북스, 2000).
- 페이스 달루이시오, 신상규 옮김, 『**새로운 종의 진화 로보 사피엔스**』(김영사, 2002).

논술·구술 시험은 논리적이고 종합적인 사고를 요구한다. 다음에 제시된 문제는 이 책의 주제와 연관이 있는 논술·구술 기출 문제이다. 이 책을 통하여 습득한 과학적 지식과 원리, 입체적이고 논리적인 접근 방식을 활용하여 스스로 문제에 답해 보자.

▶ 현재 일본에서 기계로 만든 애완 동물이 주목을 받고 있다. 이러한 기계 동물이 실제 애완 동물과 같은 역할을 할 수 있다고 생각하는지 말하시오.

옮긴이 | 이수지

숙명여대 불문과 재학 중 프랑스로 유학, 파리 5대학에서 언어학 박사 과정을 수료했다. 현재 전문 번역가로 활동 중이다.

민음 바칼로레아 18

인간과 똑같은 로봇을 만들 수 있을까?

2판 1쇄 찍음 2021년 3월 18일
2판 1쇄 펴냄 2021년 3월 30일

1판 1쇄 펴냄 2006년 3월 17일
1판 4쇄 펴냄 2013년 9월 19일

지은이 | 아녜스 기요, 장아르카디 메이에르
감수자 | 박종오
옮긴이 | 이수지
발행인 | 박근섭
펴낸곳 | ㈜민음인

출판등록 | 2009. 10. 8 (제2009-000273호)
주소 | 06027 서울 강남구 도산대로 1길 62 강남출판문화센터 5층
전화 | 영업부 515-2000 **편집부** 3446-8774 **팩시밀리** 515-2007
홈페이지 | minumin.minumsa.com

도서 파본 등의 이유로 반송이 필요할 경우에는 구매처에서 교환하시고
출판사 교환이 필요할 경우에는 아래 주소로 반송 사유를 적어 도서와 함께 보내주세요.
06027 서울 강남구 도산대로 1길 62 강남출판문화센터 6층 민음인 마케팅부

한국어판 © ㈜민음인, 2006. Printed in Seoul, Korea
ISBN 979 11-5888-780-3 04000
ISBN 979 11-5888-823-7 04000(set)

㈜민음인은 민음사 출판 그룹의 자회사입니다.